NOUVELLE BIBLIOTHÈQUE JUNIOR

Yann Mens

À table, Président!

Cornelsen

1

J'étais en train de battre Rajiv
au jeu vidéo quand le téléphone
a sonné.

C'est papa qui a décroché. Il
a mis le haut-parleur et on a
tous entendu une voix qui
disait :

– Bonsoir, monsieur
Toucouleur. Vous êtes en direct
sur la chaîne Télé 1 !

– Ce n'est pas drôle, a

répondu papa qui était très fatigué parce qu'il rentre tard de son travail.

– Si vous ne me croyez pas, allumez votre téléviseur, a répondu la voix, toute joyeuse.

On a fait comme elle disait et, sur la première chaîne, il y avait le programme *C'est votre jour de chance !*

Le présentateur a fait un gros clin d'œil à la caméra et il a dit :

– Alors, vous me croyez cette fois, monsieur Toucouleur ?

Avant que papa ait eu le

temps de répondre, le présentateur a posé une question :

– Cher monsieur, le tirage au sort vous a désigné pour recevoir à dîner demain soir… le président de la République ! Est-ce que vous acceptez ?

Papa, qui était tout pâle, a juste fait :

– Euh… Oui, bien sûr.

Maman, qui était très rouge, l'a regardé en faisant des drôles de signes avec la main. Je crois qu'elle voulait lui annoncer qu'il était devenu fou.

– Bravo, on applaudit notre sympathique concurrent !
a crié très fort le présentateur pendant que le public tapait des pieds. C'est vraiment votre jour de chance, cher Arsène Toucouleur !

Et là, toute la famille a tourné la tête dans ma direction. Parce que le seul qui s'appelle Arsène dans cette maison, c'est moi.

Alors, il a bien fallu que je leur explique que j'avais envoyé en cachette un bulletin pour participer à l'émission.

Mes deux sœurs et mon frère étaient très contents que le Président vienne manger chez nous. Ils m'ont beaucoup félicité. Maman a encore fait de drôles de gestes avec les mains. Mais cette fois, c'est moi qu'elle regardait.

Après, elle s'est enfermée dans la cuisine avec papa. Et on a entendu qu'il disait :

– Mais ça mange quoi, un président ?

2

Le lendemain matin, pendant que je prenais mon petit-déjeuner, j'ai vu un motard de la police qui sonnait à la porte. Il a salué papa comme s'il était général ou quelque chose comme ça. Et il lui a donné une enveloppe marquée *Présidence de la République.*

Papa nous a lu la lettre. Ça disait que le Président était

très heureux de venir dîner chez des Français, qu'il espérait que ça ne nous dérangeait pas trop et que pour manger, il aimait tout. Maman avait quand même l'air très inquiète.

Papa a pris un air sérieux.

– Nous ferons un repas normal. Nous mangerons des pâtes, par exemple. Il faut que le Président voie comment vivent les gens ordinaires.

Après, il a foncé sur le gros livre de recettes de pâtes.

Il a raison, papa, mais je ne suis pas sûr que ma famille soit vraiment ordinaire. D'abord il y a deux parents et quatre enfants. C'est beaucoup, non ? Et puis, comme papa et maman n'arrivaient pas à faire des enfants, nous sommes tous adoptés. En plus, chacun a une couleur différente.

Ma grande sœur Fatoumata est noire, mon grand frère Rajiv est marron foncé. Ma petite sœur Elisa est marron clair. Et moi, Arsène, je suis blanc avec des taches de rousseur. À part ça, on s'entend bien, mais parfois on se dispute et on se tape dessus. Pour ça, on est une famille ordinaire. Il va être content, le Président.

Toute la journée à l'école, j'étais super énervé. Les copains m'ont posé des tas de questions. Est-ce qu'il y aurait du jambon avec les pâtes ? Est-ce que le Président apporterait un gâteau pour le dessert ? Est-ce que papa et maman nous obligeraient à nous coucher à la même heure que d'habitude ? Pour celle-là au moins, je connaissais la réponse. Fatoumata avait discuté avec les parents. Elle avait expliqué qu'on apprendrait des tas de choses en discutant avec le Président. Ce serait un peu comme aller à l'école. Je n'aurais jamais pensé à dire ça, mais ma grande sœur est très sérieuse. Son jeu préféré, c'est de lire le journal et de découper des articles dedans. Après, elle les range dans des boîtes. Rajiv et moi, on préfère jouer au foot. En tout cas, ça a marché. Papa et maman ont dit à Fatoumata qu'on pourrait rester jusqu'au dessert.

3

Quand je suis rentré de l'école,
j'ai eu du mal à arriver jusqu'au
portail de la maison. Devant,
il y avait de grosses caméras et
plein de gens avec des appareils
photo. Heureusement, les
policiers les empêchaient
d'avancer sinon ils seraient
rentrés et ils auraient tout sali
alors que le Président venait
manger chez nous. J'ai été

surpris parce que papa était déjà rentré du travail. Et surtout, il était en train de passer l'aspirateur dans le salon. Ça ne lui arrive presque jamais. Maman était dans la cuisine avec sa tête énervée.

– Les enfants, vous montez dans votre chambre jusqu'à l'heure du dîner. Et je ne veux pas vous entendre ! elle a crié très fort.

C'était réussi : elle nous a presque pas entendus. Rajiv et moi, on a bien réussi à empêcher Elisa de pleurer quand elle a reçu un coup de poing par hasard pendant notre bagarre. Elisa, elle est trop petite pour parler, mais elle sait pleurer très fort.

À huit heures juste, il y a eu un long coup de sonnette. On est tous descendus en courant et papa a ouvert la porte. Le Président et sa femme nous ont fait un grand sourire. J'ai été déçu : ils n'avaient pas apporté de gâteau pour le dessert. Le Président a embrassé la main de maman en l'appelant « Chère madame ». Après, il a serré longtemps celle de papa en disant qu'il aimait beaucoup notre maison. Ça m'a surpris parce qu'il n'avait vu que l'entrée. Maman nous a tous présentés. Le Président et sa femme nous ont fait une bise à chacun. Lui, il sent un peu la cigarette. Mais sa femme, elle a un bon parfum.

Pendant que les grands prenaient un apéritif, le Président a demandé à papa ce qu'il faisait comme métier.

– Je suis dentiste, a répondu papa.

– Ah, j'aime beaucoup les dentistes ! a dit le Président, avec un énorme sourire.

C'est la première fois que j'entendais quelqu'un dire qu'il aimait les dentistes !

Après, il a posé la question à maman et il a dit qu'il adorait aussi les institutrices de maternelle. Pourtant, il a l'air trop vieux pour chanter *Frère Jacques* en faisant la ronde.

4

Quand on s'est assis à table, maman est devenue toute blanche. Je crois qu'elle avait peur que le repas ne soit pas bon.

Au début, il y avait de la salade avec des petits bouts de canard et des tranches d'orange dedans.

– Comment avez-vous deviné que j'étais un amateur de

canard ? a demandé le Président à maman.

– Je ne savais pas, c'est un hasard, elle a répondu.

De toute façon, maman fait toujours ce plat-là quand il y a des invités parce qu'elle dit que c'est impossible de le rater.

La femme du Président ne parlait pas beaucoup. Elle nous regardait en faisant des sourires. Elle avait l'air un peu étonnée qu'on ne soit pas tous de la même couleur, mais elle n'a rien dit.

– Vous êtes déjà allé en

Afrique ? a demandé
Fatoumata au Président
pendant que papa et maman
avaient la bouche pleine.

– Ah, j'adore l'Afrique... J'y
vais très souvent. J'ai beaucoup
d'amis là-bas, il a répondu.

– Alors pourquoi vous lui
donnez moins d'argent ?
a demandé Fatoumata.

Et elle a sorti un article de
journal de sa poche avec un
dessin dessus, comme des
maths. Le Président l'a lu
plusieurs fois et puis il a arrêté
de sourire. Papa et maman ont

fait une tête étonnée en regardant Fatoumata.

Rajiv a profité que tout le monde se taisait pour prendre la parole.

– Et vous savez jouer au football ? il a demandé.

– Je suis un fan de foot, a répondu le Président en retrouvant son sourire. Quand j'avais ton âge, je voulais devenir joueur professionnel. Mais mes parents n'ont pas voulu et je suis devenu Président. Heureusement, je vais à toutes les finales.

– Et c'est cher, les places ?
a demandé Rajiv qui espère que
papa va nous emmener un jour
au Stade de France.

– Je suis invité, je ne paie
jamais ma place, a répondu le
Président, très content.

– Mais c'est dégueulasse !
a crié Rajiv.

Maman lui a fait des gros
yeux. Elle n'aime pas ce mot-là.
Pendant qu'elle grondait mon
frère à voix basse, papa a vite
pris la parole. Et il a posé plein
de questions. Et j'ai compris
que le Président aimait tout le

monde : les paysans, les étudiants, les épiciers, les policiers, les banquiers, les retraités, les ouvriers, les militaires...

5

Quand il a vu arriver le plat de pâtes, le Président a dit :

– Quelle excellente idée ! J'adore les pâtes !

Et puis, il a demandé aux parents s'ils connaissaient l'Italie, là où on fait les meilleures pâtes du monde. Papa a toussé très fort. Et maman a répondu qu'elle aimerait beaucoup y aller.

En fait, cela fait longtemps qu'elle demande à papa de l'emmener en Italie. Un peu comme nous avec le Stade de France. Mais c'est pareil, ce n'est pas gratuit.

La femme du Président a demandé si Elisa, c'était un prénom italien. Ma petite sœur a relevé le nez de son assiette parce qu'on parlait d'elle. Et maman a répondu que non.

– Elisa est née en Colombie. Nous l'avons adoptée, comme tous nos enfants. Fatoumata vient du Mali, Rajiv d'Inde et

Arsène de Belgique, a dit
maman.

– J'aime beaucoup cette
idée ! J'adore la famille
Toucouleur ! a dit le Président,
en levant haut son verre de vin.

J'étais super étonné qu'il
aime vraiment tout. Alors je lui
ai posé ma première question
du dîner.

– Et les salsifis, vous les
aimez aussi ?

Le Président a fait une
horrible grimace et il est
devenu vert.

– Ah non, les salsifis, c'est

une saloperie ! Ça, c'est
vraiment de la merde ! il a
répondu.

– Il a dit des gros mots ! Il a
dit des gros mots ! Il n'aura pas
de dessert et c'est à lui de faire
la vaisselle ! on a crié tous
ensemble.

Papa est devenu rouge et il a
tordu la bouche :

– C'est une punition pour les
enfants quand ils disent des…

– Des gros mots ? C'est ça ?
a demandé la femme du
Président, en souriant. J'aime
beaucoup cette punition.

Et puis, elle s'est tournée vers son mari.

– Mon chéri, je crois que l'évier est par là.

Le Président a hésité.

Il croyait que c'était une blague. Mais sa femme lui a montré la direction de la cuisine.

– Chez les Toucouleur, on est très poli, elle a dit.

Ce n'est pas complètement vrai, mais le Président est parti vers l'évier. Papa a fait signe de se lever aussi, mais le Président lui a dit qu'il était le seul puni.

Il a juste accepté que papa ramasse les assiettes.

Après, le Président s'est enfermé dans la cuisine et il y a eu beaucoup de bruit.
Je crois qu'il a cassé un verre, mais maman a fait semblant de ne pas entendre.

Quand le Président est revenu de la cuisine, son costume et ses chaussures étaient tout mouillés. Il avait du liquide vaisselle dans les cheveux. Mais il a dit :

– J'adore laver les casseroles !
Avec sa femme, on s'était mis

d'accord pour lui garder sa part de dessert.

Quand ils sont partis, le Président et sa femme ont embrassé toute la famille, même les parents. Maman leur a dit :

– Revenez quand vous voulez.

Et cette fois, c'est papa qui a fait des drôles de signes avec les mains pour lui annoncer qu'elle était devenue folle !

Yann Mens est né en 1958 d'un père français et d'une mère espagnole. Après avoir vécu jusqu'à l'âge de 21 ans en Bretagne, il s'est installé à Paris où il exerce depuis 1984 la profession de journaliste dans la presse écrite.

Il est aujourd'hui rédacteur en chef du magazine trimestriel « Alternatives Internationales ». Ce métier lui a permis de se rendre sur divers continents et d'essayer de jeter ainsi un regard différent sur le monde en général, sur le pays où il vit en particulier. Les reportages qu'il a effectués en Afrique, au Proche-Orient, en Asie ont une forte influence sur les histoires qu'il publie à l'attention des jeunes lecteurs, tout comme, dans un autre registre, son goût pour la musique, le jazz notamment, ou pour la bonne cuisine.

Même si depuis qu'il a appris à lire et à écrire à l'école primaire, créer des personnages lui a toujours plu, Yann Mens est venu à l'écriture de fiction sur le tard, puisqu'il a publié ses premières nouvelles à l'âge de 40 ans. Et c'est le hasard qui l'a dirigé vers l'écriture pour la jeunesse. Par tempérament, il est plus à l'aise dans les formats courts, comme la nouvelle, que dans celui du roman. Même si certains des textes qu'il a publiés traitent de sujets graves, sa plus grande ambition est d'essayer de faire rire ses lecteurs. Et mieux encore, de mêler dans une même histoire le grave et le comique.

Nouvelle Bibliothèque Junior

Yann Mens · À table, Président !

Herausgeber	Thilo Karger, Klaus Mengler
Vokabelannotationen	Thilo Karger
Verlagsredaktion	Corinna Martin-Werner
Gesamtgestaltung und technische Umsetzung	Buchgestaltung + Berlin
Umschlagfoto	© Jamie Grill/Tetra Images/Corbis

© Éditions Thierry Magnier, 2002

www.cornelsen.de

1. Auflage, 3. Druck 2022

Alle Drucke dieser Auflage sind inhaltlich unverändert
und können im Unterricht nebeneinander verwendet werden.

© 2010 Cornelsen Verlag, Berlin
© 2019 Cornelsen Verlag GmbH, Berlin

Druck und Bindung: Livonia Print, Riga

ISBN 978-3-06-020618-6

PEFC zertifiziert
Dieses Produkt stammt aus nachhaltig
bewirtschafteten Wäldern und kontrollierten
Quellen.

www.pefc.de

PEFC/12-31-006

Vocabulaire

Für das 2. Lernjahr unbekannte Formen des *passé composé*, des *futur simple*, des *conditionnel* und des *subjonctif* werden in der konjugierten Form angegeben. Die deutsche Entsprechung der Vokabeln bezieht sich auf den Kontext der Erzählung und entspricht somit nicht immer der Hauptbedeutung.

A

prendre un **air** eine Miene aufsetzen
avoir l'**air de** scheinen
alors que wo doch, obwohl
l'**amateur** *m.* der Liebhaber
l'**apéritif** *m.* der Aperitif *ein (in der Regel alkoholisches) Getränk, das vor dem Essen eingenommen wird*
apporter mitbringen
apprendre lernen
arriver passieren
arriver à schaffen
l'**aspirateur** *m.* der Staubsauger
on s'est **assis** wir haben uns gesetzt
au moins zumindest

il **aura** er wird haben

ils **auraient** sie hätten

je n'**aurais jamais pensé** ich hätte nie gedacht

avancer nach vorne gehen

avant qu'il ait eu le temps bevor er Gelegenheit hatte

B

la **bagarre** der Streit

bas/se leise

battre schlagen

la **blague** der Scherz

la **boîte** die Schachtel

la **bouche** der Mund

le **bout** das Stück

le **bruit** der Lärm

le **bulletin** der Teilnahmeschein

C

en **cachette** heimlich

le **canard** die Ente

en tout **cas** in jedem Fall

casser zerbrechen

la **casserole** der Topf

celle(-là) diese (da)

cette fois dieses Mal

chacun/chacune jeder/jede

la **chaîne** der Fernsehsender
la **chance** das Glück
la **chaussure** der Schuh
les **cheveux** *m. pl.* die Haare
le **clin d'œil** das Augenzwinkern
la **Colombie** Kolumbien
comme da
comme si als ob
le **concurrent** der Kandidat
connaître kennen
le **costume** der Anzug
se **coucher** schlafen gehen
le **coup de poing** der Faustschlag
courir rennen
crier rufen
croire glauben

D
découper ausschneiden
décrocher den Telefonhörer abnehmen
déçu/e enttäuscht
dedans darinnen
dégueulasse widerlich
le **dentiste** der Zahnarzt
déranger stören
désigner auswählen

dessus darauf
devenir werden
deviner erraten
en **direct** live
la **direction** die Richtung
se **disputer** sich streiten
drôle komisch, seltsam

E
embrasser küssen
l'**émission** *f.* die Sendung
emmener mitnehmen
empêcher hindern
énervé/e genervt
s'**enfermer** sich einschließen
l'**enveloppe** *f.* der Umschlag
envoyer schicken
l'**épicier** *m.* der Lebensmittelhändler
étonné/e erstaunt
l'**étudiant** *m.* der Student
l'**évier** *m.* die Spüle

F
de toute **façon** jedenfalls
il a **fallu** es musste sein
féliciter beglückwünschen

nous **ferons** wir werden machen
foncé/e dunkel
foncer sur sich stürzen auf
fou/folle verrückt

G
gratuit/e umsonst
gronder (aus-)schimpfen
le **gros mot** das Schimpfwort

H
d'**habitude** üblich
le **hasard** der Zufall
par **hasard** zufällig
le **haut-parleur** der Lautsprecher
hésiter zögern
heureusement glücklicherweise

I
il y aurait es würde geben
inquiet/-iète besorgt, beunruhigt
l'**institutrice** *f.* **de maternelle** die Vorschullehrerin

J
ne … **jamais** nie
le **jambon** der Schinken

le **jeu** das Spiel
le **journal** die Zeitung
la **journée** der Tag
joyeux/-euse fröhlich

L
laver abwaschen
le **lendemain matin** am nächsten Morgen
se **lever** aufstehen
lever haut hochheben
le **liquide vaisselle** das Geschirrspülmittel

M
avoir du **mal** Mühe haben
le **Mali** Mali *Staat in Westafrika*
marquée mit dem Absender
marron kastanienbraun
les **meilleures** die besten
la **même (... que)** dieselbe (... wie)
la **merde** die Scheiße
le **métier** der Beruf
le **monde** die Welt
tout le **monde** alle
le **motard** der Motorradfahrer
mouillé/e nass

N

ne ... que nur

le **nez** die Nase

O

obliger zwingen

les gens *m. pl.* **ordinaires** Leute wie du und ich

l'**ouvrier** *m.* der Arbeiter

ouvrir öffnen

P

pâle blass

pareil/le ähnlich, gleich

parfois manchmal

par là dort drüben

prendre la **parole** das Wort ergreifen

la **part** der Anteil

à **part ça** davon abgesehen

participer teilnehmen

les **pâtes** *f. pl.* die Nudeln

le **paysan** der Bauer

avoir **peur** Angst haben

le **plat** das Gericht

plein/e voll

plein de viele

plusieurs fois mehrmals

la **poche** die Tasche

poli/e höflich

le **portail** das Gartentor

on **pourrait** man könnte

pourtant trotzdem

le **prénom** der Vorname

le **présentateur** der Fernsehmoderator

présenter vorstellen

le **président de la République** *offizielle Bezeichnung
    des französischen Staatspräsidenten*

profiter nutzen

le **puni** der Bestrafte

la **punition** die Bestrafung

R

avoir **raison** Recht haben

ramasser abräumen

rater misslingen

recevoir empfangen; bekommen

elle a **reçu** sie hat bekommen

relever heben

le **repas** die Mahlzeit

le **retraité** der Rentner

réussir gelingen

ne ... **rien** nichts

faire la **ronde** im Kreis hüpfen

S

salir verschmutzen

le **salon** das Wohnzimmer

la **saloperie** die Schweinerei

le **salsifis** die Schwarzwurzel *Gemüse*

saluer begrüßen

faire **semblant de** den Anschein erwecken

sentir riechen nach

ils **seraient rentrés** sie wären hereingekommen

ce **serait** das wäre

sérieux/-euse ernsthaft

serrer schütteln, drücken

le **seul** der einzige

le **signe** das Zeichen

sinon sonst

qu'il/elle **soit** dass er/sie ist

la **sonnette** die Klingel

le **sourire** das Lächeln

le **Stade de France** *das größte Stadion Frankreichs, in der Nähe von Paris gelegen*

surpris/e überrascht

surtout vor allem

T

la **tache de rousseur** die Sommersprosse

se **taire** schweigen

taper des pieds mit den Füßen stampfen
se **taper dessus** sich verprügeln
un **tas de** ein Haufen
le **téléviseur** der Fernsehapparat
le **tirage au sort** die Auslosung
tordre la bouche den Mund verziehen
tous alle
tousser husten
tout/e ganz, ganze/r
j'étais en **train ...** ich war gerade dabei ...
la **tranche** die Scheibe

V

faire la **vaisselle** das Geschirr spülen
vers in Richtung
vieux/vieille alt
le **vin** der Wein
vivre leben
la **voix** die Stimme
vrai/e wahr
vraiment wirklich

Y

faire des gros **yeux** große Augen machen